VENTE

Vendredi 10 Mars 1905

HOTEL DROUOT, SALLE N° 3

Par suite de décès

Collection PERDRY, de Valenciennes

TABLEAUX

ANCIENS ET MODERNES

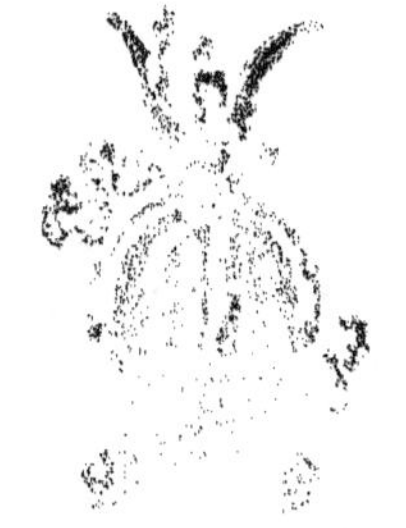

CATALOGUE

DE

TABLEAUX ANCIENS

PAR

DIEPENBEECK, K. DUJARDIN, G. JANSSENS, F. MANS,

VAN DER MEULEN, MOLENAER, P. MOLYN, OMMEGANCK, PALAMÈDES,

SCHŒVAERDTS, VAN THIELEN,

TILBORG, LOUIS ET FRANÇOIS WATTEAU, WEENIX, ETC., ETC.

TABLEAUX MODERNES

PAR

F. BRISSOT, H. DE DREUX, ETC., ETC.

COMPOSANT

La Collection PERDRY, de Valenciennes

ET DONT LA VENTE AURA LIEU, PAR SUITE DE DÉCÈS

HOTEL DROUOT, SALLE N° 3

LE VENDREDI 10 MARS 1905

à deux heures

COMMISSAIRE-PRISEUR	EXPERT
Mᶜ PAUL CHEVALLIER	**M. JULES FÉRAL**
10, rue Grange-Batelière	7, rue Saint-Georges

EXPOSITION PUBLIQUE

Le Jeudi 9 Mars 1905, de 1 heure 1/2 à 5 heures 1/2

CONDITIONS DE LA VENTE

Elle sera faite au comptant.

Les acquéreurs paieront *dix pour cent* en sus des prix d'adjudication.

Paris. — Imp. de l'Art, E. Moreau et Cⁱᵉ, 41, rue de la Victoire.

DÉSIGNATION

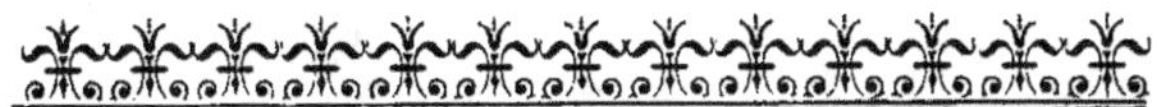

TABLEAUX

ANCIENS ET MODERNES

ARTOIS (Van)

1 — *Chasseurs à l'entrée d'une forêt.*

Toile. Haut., 69 cent.; larg., 57 cent.

BRISSOT (De Warville Félix)

2 — *L'Abreuvoir.*

Signé à gauche.

Bois. Haut., 24 cent.; larg., 35 cent.

575

DIEPENBEECK (Abraham)

(DEUX PENDANTS)

3 — *La Résurrection de Lazare.*

4 — *La Cène.*

Peintures en grisaille.

Toiles. Haut., 55 cent.; larg., 45 cent.

190

DREUX (Alfred de)

5 — *Cavaliers en forêt.*

Signé à gauche.

Toile. Haut., 24 cent.; larg., 32 cent.

DUJARDIN (Karel)

6 — *Scène de pillage.*

Toile. Haut., 42 cent.; larg., 36 cent.

FERRER (L.)

7 — *Jeune Fille en robe verte.*

Signé à droite.

Pois. Haut., 32 cent ; larg., 23 cent.

GOYEN (Genre de J. Van)

8 — *Vue d'un canal en Hollande.*

Bois. Haut., 24 cent.; larg., 37 cent.

JANSSENS (Gérome)

9 — *Réunion dans un parc.*

Bois. Haut., 48 cent. ; larg., 63 cent.

LARGILLIÈRE (Attribué à)

10 — *Portrait de Jeune Femme.*

Toile de forme ovale. Haut., 65 cent.; larg., 53 cent.

LEBELLE
(DEUX PENDANTS)

11 — *Fête villageoise.*

12 — *La Danse dans le parc.*

Gouaches signées et datées 1799.

Haut., 12 cent.; larg., 17 cent.

LUCATELLI (ANDRÉ)
(DEUX PENDANTS)

13 — *Bord de Mer.*

14 — *Paysage avec ruines.*

Toiles. Haut., 26 cent.; larg., 37 cent.

MANS (F.-H.)

15 — *Vue de Hollande, effet d'hiver.*

Bois. Haut., 48 cent.; larg., 62 cent.

MEULEN (ADAM-FRANÇOIS VAN DER)

16 — *Épisode des guerres de Flandre.*

Au premier plan, un groupe d'officiers à cheval ;
dans le fond, une ville en perspective.

Toile. Haut., 1 mètre ; larg., 1 m. 45 cent.

MICHAU (Théobald)

(deux pendants)

17 — *Villages au bord d'une rivière.*

Bois. Haut., 24 cent.; larg., 31 cent.

MIERIS (Genre de)

18 — *Jeune Femme au balcon.*

Toile. Haut., 22 cent.; larg., 18 cent.

MIGNARD (Attribué à)

19 — *Portrait présumé de Mademoiselle de Lavallière en Madeleine.*

Cadre en bois sculpté.

Toile de forme ovale. Haut., 91 cent.; larg., 72 cent.

MOLENAER (J.-M.)

20 — *Intérieur villageois.*

Bon tableau de l'artiste.

Bois. Haut., 53 cent.; long., 42 cent.

MOLYN (Pierre)

21 — *Paysage traversé par un cours d'eau.*

Bois. Haut., 36 cent.; larg., 48 cent.

NEER (Attribué à A. Van der)

22 — *Vue de Hollande, effet de clair de lune.*

Toile. Haut., 42 cent.: larg., 51 cent.

OMMEGANCK (Balthasar)

23 — *Vaches au pâturage.*

Signé et daté 1794.

Bois. Haut., 36 cent.; larg., 47 cent.

OSTADE (Attribué à Isaac Van)

24 — *Le Buveur.*

Bois. Haut., 37 cent.; larg., 30 cent.

PALAMÈDES (Stevens)

25 — *Choc de cavalerie.*

Bois. Haut , 42 cent.; larg., 55 cent.

POEL (Attribués à Egbert Van der)

(deux pendants)

26 — *Vues de villes.*

Effet de neige et effet d'incendie.
Cadres en bois sculpté.

Peintures sur cuivre. Haut., 14 cent.; larg., 17 cent.

POTTER (Pierre)

27 — *Jésus et la Samaritaine.*

Signé et daté *1685.*

Bois. Haut., 30 cent ; larg., 45 cent.

RUBENS (D'après)

28 — *Portrait du maître.*

Bois. Haut., 61 cent.; larg., 52 cent.

RYCKAERT (David)

29 — *Paysan et son chien.*

Toile. Haut., 37 cent.; larg., 27 cent.

SCHŒVAERDTS (Mathieu)

30 — *Une Foire de village.*

Toile. Haut., 32 cent.; larg.; 45 cent.

SNAYERS (Attribué à Pierre)

31 — *Scène de bataille.*

Bois Haut., 18 cent.; larg., 22 cent.

TENIERS (Genre de David)

32 — *Paysans au repos sur une route.*

Bois. Haut., 17 cent.; larg. 22 cent.

THIELEN (Jean-Philippe Van)

33 — *La Nativité.*

Composition entourée d'une guirlande de fleurs.

Toile. Haut., 62 cent.; larg., 48 cent.

TILBORGH (Gilles)

34 — *Les Joueurs de cartes.*

Toile. Haut., 32 cent.; larg., 24 cent.

TILBORGH (Gilles)
(pendant du précédent)

35 — *Scène de cabaret.*

Toile. Haut., 32 cent.; larg., 24 cent.

TROOST (Corneille)

36 — *Le Musicien ambulant.*

Bois. Haut., 33 cent.; larg., 23 cent.

UDEN (Lucas Van)

37 — *Vue des bords du Rhin.*

Bois. Haut., 34 cent.; larg., 40 cent.

VENNE (Attribué à Van der)

38 — *Une Kermesse.*

Toile. Haut., 32 cent.; larg., 45 cent.

VINCKEBOONS (David)

39 — *Paysage avec bergers et troupeaux.*

Bois. Haut., 26 cent.; larg., 34 cent.

VOS (Attribué à Cornélis de)

40 — *Portrait d'un gentilhomme fumant une pipe.*

Bois. Haut., 62 cent.; larg., 48 cent.

WATTEAU (François)

41 — *La Partie de campagne.*

Dans une île, où l'on a préparé une collation sur une table, devant un dressoir garni de fruits, une jeune femme, en robe rose et grand chapeau de paille, est assise pinçant de la guitare. Un jeune homme, debout derrière elle, joue de la flûte. Au second plan, un couple s'embrasse. A gauche, une dame en robe jaune accueille une amie vêtue de bleu, accostant dans une barque avec l'aide d'un gentilhomme.

Bois. Haut., 38 cent.; larg., 49 cent.

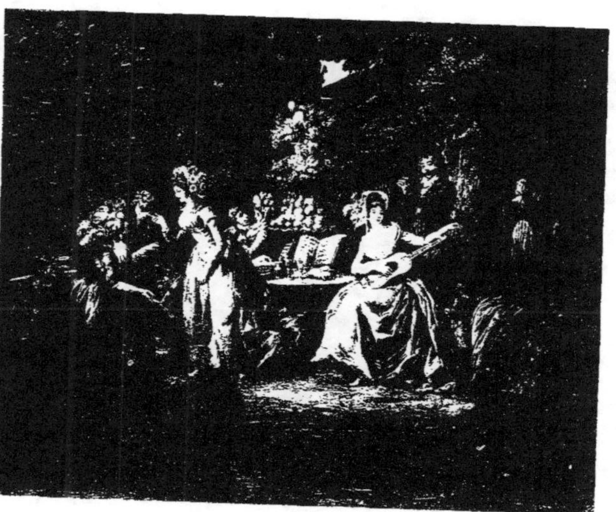

41

WATTEAU (François)

(PENDANT DU PRÉCÉDENT)

42 — *Le Repos dans le parc.*

Deux jeunes femmes en robes de soie sont assises
sur le gazon ; un jeune homme leur offre des fleurs
qu'il cueille à un rosier grimpant. Au premier
plan, une jeune mère pousse un chariot où est
couché un nouveau-né accompagné par deux petits
garçons. Dans le fond, au bord d'un bassin à jet
d'eau, deux dames et une fillette.

Gracieuse composition de la meilleure qualité de
l'artiste.

Bois. Haut., 38 cent.; larg., 49 cent.

WATTEAU (Louis)

(DEUX PENDANTS)

43 — *Villageois jouant avec un chien.*

44 — *Repas champêtre.*

Charmants tableaux du peintre.
Signés et datés *1771*.

Bois. Haut., 20 cent.; larg., 24 cent.

WATTEAU (D'après)

45 — *Réunion dans un parc.*

Toile. Haut., 40 cent.; larg., 32 cent.

WEENIX (JEAN)

46 — *Le Garde-manger.*

Un lièvre et des oiseaux morts sont posés sur
une chaise et au bord d'une table, dont le centre est
occupé par une corbeille de fruits. Un chat s'approche sur un mur, un rideau rouge est drapé à
droite.

Bois. Haut., 68 cent.; larg., 82 cent.

WEENIX (JEAN)

(PENDANT DU PRÉCÉDENT)

47 — *Fruits et Gibier mort.*

Sur une table, une corbeille de fruits à demi-
renversée, à droite, un lièvre posé sur une chaise.
Un chat prenant un petit oiseau.

Bois. Haut., 68 cent.; larg., 82 cent.

WOUWERMANN (Attribué à PHILIPPE)

(DEUX PENDANTS)

48 — *Le Départ pour la chasse au faucon.*

49 — *Réunion de cavaliers.*

Bois. Haut., 30 cent.; larg., 40 cent.

ZACHTLEVEN

50 — *Vue des Bords du Rhin.*

Cuivre. Haut., 23 cent.; larg., 30 cent.

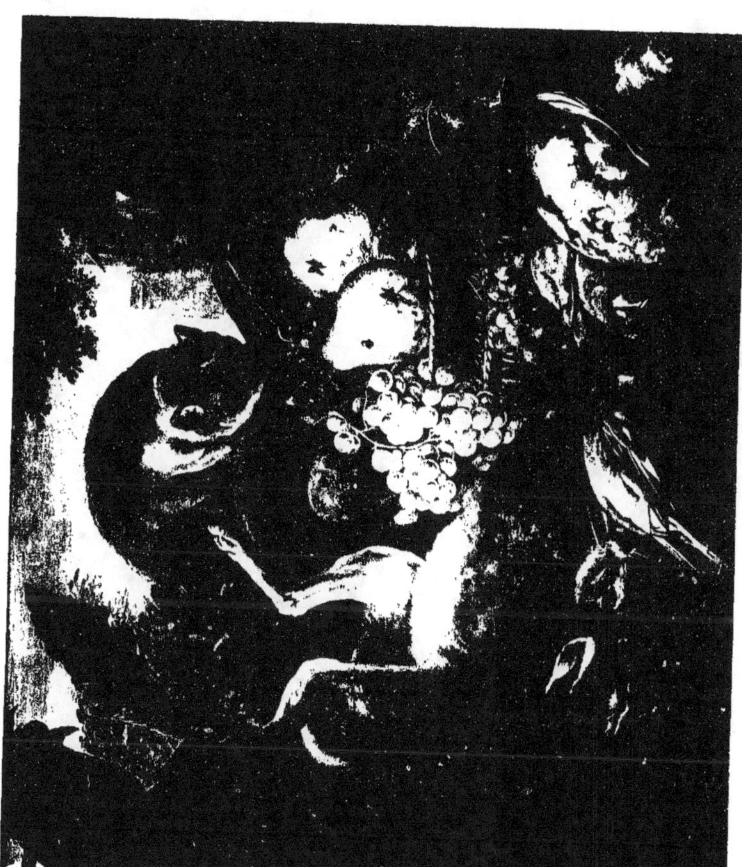
Phototypie Berthaud Paris

ÉCOLE FLAMANDE

51 — *Fumeur et villageoise.*

Bois. Haut., 18 cent.; larg., 14 cent.

ÉCOLE FLAMANDE

52 — *Campement.*

Toile. Haut., 39 cent.; larg., 69 cent.

ÉCOLE FLAMANDE

53 — *Combat de cavaliers en costume antique.*

Haut., 43 cent.; larg., 75 cent.

ÉCOLE HOLLANDAISE (xviie siècle)

54 — *Fruits et objets inanimés.*

A droite, la signature incomplète d'un élève de David de Heem.

Toile. Haut., 24 cent.; larg., 30 cent.

ÉCOLE MODERNE

55 — *Chatte défendant ses petits.*

Toile. Haut., 62 cent.; larg , 80 cent.